Quelle Histoire

Édition et conception : Unique Heritage Editions SAS.
141, boulevard Ney 75018 Paris
Illustrations : Bruno Wennagel, Mathieu Ferret
Textes : Patricia Crété
Edition : Leslie-Fleur Picardat
Direction artistique : Kagna Toung
Maquette : Marie Colas

Siège social : 141, boulevard Ney 75018 Paris

www.quellehistoire.com

Fabriqué par Labelfab /
Achevé d'imprimer en France par Pollina (85) - 43652B

Dépôt légal novembre 2022

Loi n°49-956 du 16 juillet 1949 sur les publications destinées à la jeunesse

LES LÉGENDES DE L'ÉQUIPE DE FRANCE

CARNET

Ils sont onze à évoluer sous le maillot bleu de l'équipe de France. Chacun occupe un poste en fonction de ses qualités : gardien, attaquants, milieux de terrain ou défenseurs... Ensemble, ils jouent suivant une tactique précise, pour vaincre les équipes adverses et, surtout, remporter les compétitions ! Tu vas tout savoir...

SOMMAIRE

POURQUOI LE MAILLOT DE L'ÉQUIPE DE FRANCE EST-IL BLEU ?

Jusqu'en 1919, date de la création de la Fédération française de football, les footballeurs de l'équipe de France portent différents maillots : tout blanc, ou blanc avec des rayures verticales bleues et un col rouge, ou blanc avec deux anneaux, un rouge et un bleu entrelacés. Bleu, blanc, rouge... les trois couleurs de notre drapeau. À partir de 1919, le maillot bleu s'impose et depuis, on parle des Bleus.

QUAND L'ÉQUIPE DE FRANCE A-T-ELLE JOUÉ SON PREMIER MATCH ?

Le premier match officiel de l'équipe de France a lieu le 1er mai 1904, contre la Belgique, près de Bruxelles, et se termine par un match nul (3-3). Les trois buteurs français sont Louis Mesnier, Marius Royet et Gaston Cyprès. L'année suivante, la France dispute son premier match à domicile qu'elle remporte contre la Suisse.

QUE REPRÉSENTENT LES ÉTOILES SUR LE MAILLOT ?

La FIFA (Fédération internationale de football association) autorise les équipes à mettre des étoiles sur leurs maillots pour indiquer le nombre de victoires en Coupe du monde. Ainsi, la France a 2 étoiles, puisqu'elle a été victorieuse en 1998 et en 2018. Le record ? Le Brésil, qui en a remporté 5... pour l'instant !

D'OÙ VIENT L'EMBLÈME DU COQ ?

C'est une histoire très ancienne, qui remonte à l'Antiquité. Le coq se dit *gallus* en latin, ce qui a donné les mots « gaule » et « gaulois ». Les Romains qui ont envahi le pays trouvaient en effet que les habitants avaient les mêmes qualités de bravoure que le gallinacé, roi du poulailler. Alors, en 1909, le coq devient l'emblème des Bleus et il l'est toujours !

COMMENT DEVIENT-ON JOUEUR DANS L'ÉQUIPE DE FRANCE ?

C'est le rôle du sélectionneur de choisir, parmi tous les joueurs français, ceux qui rejoindront l'équipe nationale. Il faut chercher le bon équilibre entre les différents footballeurs. Jusqu'en 1964, un comité de sélection était à la tête de l'équipe, ce qui n'était pas facile. Les choses changent en 1964 avec un sélectionneur unique, souvent un ancien joueur.

OÙ LES BLEUS S'ENTRAÎNENT-ILS ?

Depuis 1988, les Bleus s'entraînent à Clairefontaine-en-Yvelines, au domaine de Montjoye, acheté par la Fédération française de football en 1983. Rebaptisé Centre technique national Fernand-Sastre, du nom de celui qui fut à l'origine du projet, on y trouve des parcours sportifs, des installations médicales, des espaces de réunion, des résidences et, bien sûr, un terrain d'entraînement réservé aux Bleus.

LES GARDIENS

Le gardien protège les buts de son équipe des tirs adverses. Il est le seul joueur à pouvoir toucher le ballon avec toutes les parties de son corps. Il reste principalement dans la « cage », de 7,32 mètres de largeur sur 2,44 mètres de hauteur, entourée de filets. Mais il peut évoluer dans la surface de réparation, qui s'étend sur 16,50 mètres devant ses buts, et même monter dans le camp adverse pour tirer.

Pierre Chayriguès

1892-1965

Plus jeune gardien de l'histoire des Bleus, il n'a que 19 ans lorsqu'il participe à son premier match, en 1911, contre le Luxembourg. Pas de chance : il encaisse son premier but au bout d'un quart d'heure. Il invente le dégagement au poing et, surtout, la technique du plongeon.

CLUBS

USA Clichy
Red Star

ÉQUIPE DE FRANCE

21 sélections

François Remetter

1928

Il a longtemps joué au poste d'attaquant avant de devenir gardien. Très doué pour arrêter les buts, on le surnomme « le Voltigeur ». Il dispute 2 fois la Coupe du monde avec l'équipe de France. Bon vivant et enjoué, il reste sur le terrain jusqu'à l'âge de 40 ans.

CLUBS

RC Strasbourg
CS Le Thillot
FC Metz
FC Sochaux-Montbéliard
Girondins de Bordeaux
FC Grenoble
Limoges FC
RC Strasbourg
Limoges FC

ÉQUIPE DE FRANCE

26 sélections
Demi-finaliste de la Coupe du monde (1958)

Georges Carnus

1940

Pour sa première sélection en équipe de France, en 1963, il encaisse 3 buts marqués par l'attaquant brésilien Pelé. Grâce à ses réflexes et sa sûreté de main, il est élu « joueur français de l'année » en 1970 et en 1971… C'est la première fois que cette distinction est attribuée à un gardien.

CLUBS

US Marignane
AS Aix-en-Provence
Stade français
AS Saint-Étienne
Olympique de Marseille

ÉQUIPE DE FRANCE

36 sélections

Dominique Baratelli

1947

Avec ses 593 matchs de Division 1, il est l'un des joueurs les plus chevronnés de toute l'histoire du football français. Malgré sa réputation de « tueur de penaltys », il est souvent absent des buts de l'équipe de France, le sélectionneur Michel Hidalgo lui préférant Jean-Luc Ettori.

CLUBS

AC Ajaccio
OGC Nice
Paris SG

ÉQUIPE DE FRANCE

21 sélections
Demi-finaliste de la Coupe du monde (1982)

Jean-Luc Ettori

1955

Titulaire lors de la Coupe du monde 1982, en Espagne, celui que l'on appelle « Tonton » encaisse 3 buts lors de son premier match contre l'Angleterre. Avec ses 602 matchs joués en championnat de France, il détient le record des participations... jusqu'en 2013, où il est détrôné !

CLUB

AS Monaco

ÉQUIPE DE FRANCE

9 sélections
Demi-finaliste de la Coupe du monde (1982)

Joël Bats

1957

Il fait partie des sélections juniors, militaires et espoirs sous le maillot bleu. Puis il participe à la Coupe du monde 1986. Il s'y fait remarquer en stoppant un penalty lors de la seconde mi-temps du quart de finale France-Brésil. La même année, il entame une carrière de chanteur.

CLUBS

FC Sochaux-Montbéliard
AJ Auxerre
Paris SG

ÉQUIPE DE FRANCE

50 sélections
1 Euro (1984)
Demi-finaliste de la Coupe du monde (1986)

Bernard Lama

1963

Son agilité hors du commun lui vaut le surnom de « Chat ». Il fait ses premiers matchs sans gants ! Présent sur la liste des 22 joueurs convoqués pour la Coupe du monde 1998, en tant que remplaçant de Barthez, il est sacré champion du monde… sans avoir disputé un seul match.

CLUBS

SC Abbeville
RC Besançon
Lille OSC
FC Metz
Brest Armorique FC
RC Lens
Paris SG
West Ham United (Gbr)
Paris SG
Stade rennais

ÉQUIPE DE FRANCE

44 sélections
3 capitanats
1 Coupe du monde (1998)
1 Euro (2000)
Demi-finaliste de l'Euro (1996)

Fabien Barthez

1971

Il démarre sa carrière de gardien à l'âge de 7 ans et demi. Avec seulement 2 buts encaissés pendant la Coupe du monde 1998, remportée par la France, celui que l'on surnomme « le Divin Chauve » fait partie de la meilleure défense du tournoi.

CLUBS

Toulouse FC
Olympique de Marseille
AS Monaco
Manchester United (Gbr)
Olympique de Marseille
FC Nantes

ÉQUIPE DE FRANCE

87 sélections
2 capitanats
1 Coupe du monde (1998)
1 Euro (2000)
Finaliste de la Coupe du monde (2006)
Demi-finaliste de l'Euro (

Grégory Coupet

1972

Avec plus de 700 matchs en professionnel, ce gardien a des qualités incroyables : il est à l'aise sur les ballons aériens et explosif dans ses sorties. Il n'hésite pas à multiplier les entraînements pour travailler ses réflexes. Son seul défaut peut-être : il a un caractère parfois très affirmé.

CLUBS

AS Saint-Étienne
Olympique lyonnais
Atlético de Madrid (Esp)
Paris SG

ÉQUIPE DE FRANCE

34 sélections
Finaliste de la Coupe du monde (2006)

Steve Mandanda

1985

Ce gardien, né en République démocratique du Congo, opte pour la nationalité française afin de jouer en équipe de France espoirs en 2004. Quatre ans plus tard, il rejoint les Bleus. Son excellent jeu au pied et son anticipation sont ses meilleurs atouts.

CLUBS

Le Havre AC
Olympique de Marseille
Crystal Palace (Gbr)
Olympique de Marseille

ÉQUIPE DE FRANCE

34 sélections
1 capitanat
1 Coupe du monde (2018)
Finaliste de l'Euro (2016)

Hugo Lloris

1986

En 2005, il joue dans l'équipe des moins de 19 ans, sacrée championne d'Europe. Il est nommé plusieurs fois capitaine des Bleus. Le 2 juin 2017, face au Paraguay, il devient le gardien le plus capé de l'histoire de l'équipe de France… Cela signifie qu'il détient le record de matchs joués.

CLUBS

OGC Nice
Olympique lyonnais
Tottenham Hotspur (Gbr)

ÉQUIPE DE FRANCE

139 sélections
115 capitanats
1 Coupe du monde (2018)
Finaliste de l'Euro (2016)

LES DÉFENSEURS

Le rôle du défenseur est de protéger son gardien et d'empêcher l'attaque adverse d'avancer vers les buts. Il lui faut donc beaucoup de sang-froid et de concentration. Il lui arrive, après avoir subtilisé le ballon à l'adversaire, de remonter le terrain et de passer à l'offensive. Le plus souvent, ils sont 4 à l'arrière : 2 latéraux, qui évoluent sur les côtés, et 2 centraux.

Roger Marche

1924-1997

Surnommé le « sanglier des Ardennes », en raison de son caractère rude et solitaire, cet arrière gauche doit attendre son dernier match avec les Bleus pour marquer le seul but de sa carrière. C'était le 17 décembre 1959, contre l'Espagne : une superbe montée balle au pied !

CLUBS

Stade de Reims
RC Paris

ÉQUIPE DE FRANCE

63 sélections
1 but
42 capitanats
Demi-finaliste de la Coupe du monde (1958)

Robert Jonquet

1925-2008

En 1951, il gagne le surnom de « héros de Highbury » (nom du stade londonien d'Arsenal) lors d'un match nul (2-2) entre la France et l'Angleterre. En demi-finale de la Coupe du monde 1958, il joue avec une double fracture du péroné, les remplaçants n'étant pas encore autorisés.

CLUBS

Stade de Reims
RC Strasbourg

ÉQUIPE DE FRANCE

58 sélections
9 capitanats
Demi-finaliste de la Coupe du monde (1958)

Marius Trésor

1950

Face à l'Allemagne, en octobre 1973, il marque son premier but en équipe nationale. En 1976, il est nommé capitaine des Bleus, devenant le premier Noir à occuper ce poste. Avec son coéquipier Jean-Pierre Adams, il forme une redoutable barrière défensive, appelée la « garde noire ».

CLUBS

AC Ajaccio
Olympique de Marseille
Girondins de Bordeaux

ÉQUIPE DE FRANCE

65 sélections
4 buts
24 capitanats
Demi-finaliste de la Coupe du monde (1982)

Gérard Janvion

1953

Il démarre attaquant, puis on le retrouve comme stoppeur ou milieu défensif. Mais c'est au poste de défenseur latéral droit que « le Cerbère », comme on le surnomme, trouve la gloire. Sa mission : stopper l'attaquant adverse grâce à une vitesse de course stupéfiante.

CLUBS

AS Saint-Étienne
Paris SG
AS Béziers

ÉQUIPE DE FRANCE

40 sélections
Demi-finaliste de la Coupe du monde (1982)

Maxime Bossis

1955

Surnommé « le Grand Max » avec son 1,86 mètre, à l'aise des deux pieds, il est l'un des meilleurs défenseurs des années 1970-1980. Lors de la Coupe du monde 1982, en Espagne, il inscrit son premier et unique but en équipe de France face au Koweït, qui perd 4-1.

CLUBS

FC Nantes
RC Paris
FC Nantes

ÉQUIPE DE FRANCE

76 sélections
1 but
5 capitanats
1 Euro (1984)
Demi-finaliste de la Coupe du monde (1982, 1986)

Patrick Battiston

1957

La carrière chez les Bleus de ce défenseur latéral droit est marquée par la demi-finale de la Coupe du monde 1982, face à l'Allemagne. Il se présente seul face au but adverse et est brutalement percuté par le gardien. Il est évacué, inanimé et blessé… Une image qui fait le tour du monde.

CLUBS

FC Metz
AS Saint-Étienne
Girondins de Bordeaux
AS Monaco
Girondins de Bordeaux

ÉQUIPE DE FRANCE

56 sélections
3 buts
5 capitanats
1 Euro (1984)
Demi-finaliste de la Coupe du monde (1982, 1986)

Manuel Amoros

1962

Ce défenseur latéral droit a une grande technique, ce qui lui permet des centres très précis. « Manu », comme on l'appelle, est élu meilleur jeune joueur de la Coupe du monde 1982. Il inscrit son unique but contre la Belgique, lors de la Coupe du monde 1986, au Mexique.

CLUBS

AS Monaco
Olympique de Marseille
Olympique lyonnais
Olympique de Marseille

ÉQUIPE DE FRANCE

82 sélections
1 but
30 capitanats
1 Euro (1984)
Demi-finaliste de la Coupe du monde (1982, 1986)

Laurent Blanc

1965

Il est surnommé « le Président » en raison de sa maîtrise technique, son sang-froid et, surtout, son influence sur ses coéquipiers. Son jeu de tête, à l'origine de certains de ses buts en corner, est aussi bon que ses coups de pied arrêtés (penalty ou coup franc).

CLUBS

Montpellier HSC
SSC Naples (Ita)
Nîmes Olympique
AS Saint-Étienne
AJ Auxerre
FC Barcelone (Esp)
Olympique de Marseille
Inter Milan (Ita)
Manchester United (Gbr)

ÉQUIPE DE FRANCE

97 sélections
16 buts
9 capitanats
1 Coupe du monde (1998)
1 Euro (2000)
Demi-finaliste de l'Euro (19

Jocelyn Angloma

1965

Il passe six ans avec les Bleus, en tant que défenseur latéral droit... De beaux souvenirs pour lui ! En 1994, lors d'un match amical opposant la France à la Tchécoslovaquie, il tire le corner qui permet à Zinédine Zidane de marquer son deuxième but.

CLUBS

Stade Rennais
Lille OSC
Paris SG
Olympique de Marseille
Torino (Ita)
Inter Milan (Ita)
FC Valence (Esp)

ÉQUIPE DE FRANCE

37 sélections
1 but
Demi-finaliste de l'Euro (1996)

Basile Boli

1967

Il débute en championnat à 16 ans et joue 10 fois en équipe de France espoirs. Doté d'un physique impressionnant, ce défenseur central brille dans son club, l'Olympique de Marseille, bien plus que chez les Bleus, avec lesquels il n'obtiendra aucun titre.

CLUBS

AJ Auxerre
Olympique de Marseille
Glasgow Rangers (Sco)
AS Monaco
Urawa Red Diamonds (Jap)

ÉQUIPE DE FRANCE

45 sélections
1 but

Marcel Desailly

1968

Défenseur central à la technique imparable, il remporte la majorité de ses duels aériens, défensifs ou offensifs. Durant les 7 rencontres disputées par la France lors de la Coupe du monde 1998, il se montre un excellent joueur mais aussi un leader indispensable à l'équipe.

CLUBS

FC Nantes
Olympique de Marseille
Milan AC (Ita)
Chelsea FC (Gbr)
Al-Gharafa (Qat)
Qatar Club (Qat)

ÉQUIPE DE FRANCE

116 sélections
3 buts
51 capitanats
1 Coupe du monde (1998)
1 Euro (2000)
Demi-finaliste de l'Euro (1996)

Frank Lebœuf

1968

Sur le terrain, il joue en permanence le double rôle de dernier défenseur et premier contre-attaquant. Il montre ainsi toutes ses qualités : placement, anticipation, relance et remontée de balle. Bon de la tête, précis et décisif dans ses interventions, c'est un défenseur complet.

CLUBS

Stade Lavallois
RC Strasbourg
Chelsea FC (Gbr)
Olympique de Marseille
Al-Sadd (Qat)
Al-Wakrah (Qat)

ÉQUIPE DE FRANCE

50 sélections
4 buts
4 capitanats
1 Coupe du monde (1998)
1 Euro (2000)
Demi-finaliste de l'Euro (1

Bixente Lizarazu

1969

Pur gaucher, il est très technique. Il déborde d'énergie lors des premiers matchs de la Coupe du monde en 1998, notamment lors de la rencontre avec l'Arabie saoudite, où il marque un but à la 85e minute. Avec Blanc, Desailly et Thuram, il forme une défense de choc !

CLUBS

Girondins de Bordeaux
Athletic Bilbao (Esp)
Bayern de Munich (Ger)
Olympique de Marseille
Bayern de Munich (Ger)

ÉQUIPE DE FRANCE

97 sélections
2 buts
1 Coupe du monde (1998)
1 Euro (2000)
Demi-finaliste de l'Euro (1996)

Lilian Thuram

1972

Ce défenseur droit détient le record de sélections chez les Bleus : 142 ! Durant la Coupe du monde 1998, il fait partie de la solide ligne de défense qui mène l'équipe de France à la victoire. À 35 ans, il se retire : « Quand vous n'êtes plus à la hauteur, il faut laisser votre place... »

CLUBS

AS Monaco
Parme AC (Ita)
Juventus Turin (Ita)
FC Barcelone (Esp)

ÉQUIPE DE FRANCE

142 sélections
2 buts
16 capitanats
1 Coupe du monde (1998)
1 Euro (2000)
Finaliste de la Coupe du monde (2006)
Demi-finaliste de l'Euro (1996)

Willy Sagnol

1977

Repéré pour son jeu et son fort caractère, il participe à la Coupe du monde des moins de 20 ans en 1997. Chez les Bleus, il joue au poste de défenseur droit. Pendant la Coupe du monde 2006, il est reconnu comme l'un des meilleurs centreurs du tournoi.

CLUBS

AS Saint-Étienne
AS Monaco
Bayern Munich (Ger)

ÉQUIPE DE FRANCE

58 sélections
Finaliste de la Coupe du monde (2006)

William Gallas

1977

Défenseur droit lors de la Coupe du monde 2006, il forme avec Lilian Thuram une charnière centrale infranchissable, ce qui amène la France à n'encaisser que 2 buts en 7 matchs. Il est le deuxième meilleur buteur français, au poste de défenseur, derrière Laurent Blanc (16 buts).

CLUBS

SM Caen
Olympique de Marseille
Chelsea FC (Gbr)
Arsenal FC (Gbr)
Tottenham (Gbr)
Perth Glory (Aus)

ÉQUIPE DE FRANCE

84 sélections
5 buts
2 capitanats
Finaliste de la Coupe du monde (2006)

Raphaël Varane

1993

À partir de 2014, ce défenseur central technique devient un titulaire indiscutable au sein de l'équipe de France. Blessé, il ne participe pas à l'Euro 2016, mais il revient en grande forme pour remporter la Coupe du monde 2018 aux côtés du solide défenseur Samuel Umtiti.

CLUBS

RC Lens
Real Madrid (Esp)
Manchester United (Gbr)

ÉQUIPE DE FRANCE

86 sélections
5 buts
16 capitanats
1 Coupe du monde (2018)

LES MILIEUX

Le milieu, comme son nom l'indique, est placé au milieu du terrain. Il réalise la liaison entre défenseurs et attaquants. Comme il court beaucoup, il doit avoir une bonne condition physique. Selon la tactique choisie par le sélectionneur, ils sont 3 ou 4 à occuper ce poste, parfois même 5, mais c'est plus rare. On compte des milieux défensifs (le n° 6) et des milieux offensifs (le célèbre n° 10).

Larbi Benbarek

1917-1992

Il joue son premier match de club au Maroc, son pays natal, en savates ! Il n'était pas à l'aise avec des chaussures à crampons... Mais il s'y habituera très vite ! Surnommé « la Perle noire », ce milieu de terrain détient le record de longévité avec les Bleus (15 ans et 10 mois).

CLUBS

Olympique de Marseille
Stade français
Atlético de Madrid (Esp)
Olympique de Marseille

ÉQUIPE DE FRANCE

17 sélections
3 buts

Raymond Kopaszewski

1931-2017

« Kopa » est un milieu performant : il est adroit, dribble court et tire des deux pieds. C'est aussi un bon meneur de jeu pour ses coéquipiers. Des qualités qui lui valent le surnom de « Napoléon du football » et d'être le premier joueur à avoir sa statue de cire au musée Grévin.

CLUBS

SCO Angers
Stade de Reims
Real Madrid (Esp)
Stade de Reims

ÉQUIPE DE FRANCE

45 sélections
18 buts
6 capitanats
Demi-finaliste de la Coupe du monde (1958)

Jean-Michel Larqué

1947

Ce milieu de terrain marque surtout des buts avec son club de Saint-Étienne. En équipe de France, il inscrit son deuxième et dernier but contre l'Irlande, en éliminatoire de la Coupe du monde 1972. Après avoir pris sa retraite, il s'est reconverti en journaliste sportif.

CLUBS

AS Saint-Étienne
Paris SG
RC Paris

ÉQUIPE DE FRANCE

14 sélections
2 buts
3 capitanats

Henri Michel

1947-2018

À 20 ans, il affronte la Pologne pour son premier match en équipe de France. Malgré 58 sélections, aucune victoire ne figure dans son palmarès avec les Bleus. Mais, devenu sélectionneur de l'équipe de France olympique en 1984, il obtient la médaille d'or à Los Angeles, contre le Brésil.

CLUBS

AS Aix-en-Provence
FC Nantes-Atlantique

ÉQUIPE DE FRANCE

58 sélections
4 buts
9 capitanats

Alain Giresse

1952

Le meilleur buteur des Girondins de Bordeaux est excellent chez les Bleus : il marque en demi-finale de la Coupe du monde 1982 contre la RFA (Allemagne de l'Ouest à l'époque), et fait partie du « carré magique » (avec Platini, Fernandez et Tigana) qui permet à l'équipe de remporter l'Euro 1984.

CLUBS

Girondins de Bordeaux
Olympique de Marseille

ÉQUIPE DE FRANCE

47 sélections
6 buts
1 capitanat
1 Euro (1984)
Demi-finaliste de la Coupe du monde (1982, 1986)

Dominique Bathenay

1954

On l'appelle « Monsieur Coupe de France » parce qu'il en a remporté 5 ! Ce milieu défensif sait aussi marquer des buts, parfois dans de drôles de positions, grâce à sa frappe du gauche. Pour son premier match chez les Bleus, il marque contre la RDA (Allemagne de l'Est à l'époque), en 1975.

CLUBS

AS Saint-Étienne
Paris SG
FC Sète

ÉQUIPE DE FRANCE

20 sélections
4 buts

Michel Platini

1955

Meneur de jeu de l'équipe de France de 1976 à 1987, nommé 47 fois capitaine, c'est un redoutable tireur de coups francs ! Pendant l'Euro 1984, remporté par les Bleus, il établit un record de 9 buts marqués. Il est le premier footballeur à remporter le Ballon d'or 3 fois de suite.

CLUBS

AS Jœuf
AS Nancy-Lorraine
AS Saint-Étienne
Juventus Turin (Ita)

ÉQUIPE DE FRANCE

72 sélections
41 buts
47 capitanats
1 Euro (1984)
Demi-finaliste de la Coupe du monde (1982, 1986)

Jean Tigana

1955

Milieu défensif, ce petit gabarit de 1,68 mètre fait partie du « carré magique » avec Platini, Giresse et Fernandez. Il entre dans la légende du football français lors de la demi-finale de l'Euro 1984 contre le Portugal. Après une course folle, il offre le but de la victoire à Platini.

CLUBS

Sporting Toulon
Olympique lyonnais
Girondins de Bordeaux
Olympique de Marseille

ÉQUIPE DE FRANCE

52 sélections
1 but
1 capitanat
1 Euro (1984)
Demi-finaliste de la Coupe du monde (1982, 1986)

Jean-François Larios

1956

Avec ses longs cheveux noirs, ce milieu de terrain de près de 1,90 mètre débute avec l'équipe de France en 1978. Lors de la Coupe du monde 1982, il joue 2 matchs dont la petite finale contre la Pologne, montrant sans conteste ses qualités de meneur de jeu.

CLUBS

AS Saint-Étienne
SC Bastia
AS Saint-Étienne
Atlético de Madrid (Esp)
Manic de Montréal (Can)
Neuchâtel Xamax (Che)
RC Strasbourg
OGC Nice
Montpellier HSC

ÉQUIPE DE FRANCE

17 sélections
5 buts
Demi-finaliste de la Coupe du monde (1982)

Bernard Genghini

1958

Il débute avec l'équipe de France en 1980, contre la Grèce, et entre un temps dans le célèbre « carré magique ». Ce milieu de terrain offensif est connu pour sa petite moustache. Il participe, grâce à son pied gauche, à la victoire de la France à l'Euro 1984.

CLUBS

FC Sochaux-Montbéliard
AS Saint-Étienne
AS Monaco
Olympique de Marseille
Servette de Genève (Che)
Girondins de Bordeaux

ÉQUIPE DE FRANCE

27 sélections
6 buts
1 Euro (1984)
Demi-finaliste de la Coupe du monde (1982, 1986)

Luis Fernandez

1959

À 23 ans, il rejoint l'équipe de France et remplace Bernard Genghini dans le « carré magique ». Lors de la Coupe du monde 1986, au Mexique, il inscrit le tir au but victorieux contre le Brésil en quart de finale... Un match entré dans la légende du football tricolore.

CLUBS

Paris SG
Matra Racing
AS Cannes

ÉQUIPE DE FRANCE

60 sélections
6 buts
5 capitanats
1 Euro (1984)
Demi-finaliste de la Coupe du monde (1986)

David Ginola

1967

Si cet ailier gauche, spectaculaire et élégant, brille dans ses clubs successifs, notamment au Paris Saint-Germain, il n'arrive pas à s'imposer en équipe de France. Première sélection en 1990, deuxième en 1992… Il reste souvent sur le banc de touche, comme remplaçant.

CLUBS

SC Toulon
Matra Racing
Brest Armorique FC
Paris SG
Newcastle United FC (Gbr)
Tottenham Hotspurs (Gbr)
Aston Villa (Gbr)

ÉQUIPE DE FRANCE

17 sélections
3 buts

Didier Deschamps

1968

Ce milieu défensif est capitaine dès l'âge de 19 ans en club. « J'aime diriger mes partenaires. Chez moi, c'est naturel », dit-il et il réussit. Capitaine des Bleus en 1998, il mène ses coéquipiers à la victoire. Sélectionneur pour la Coupe du monde 2018, en Russie, tous les espoirs sont permis.

CLUBS

FC Nantes
Olympique de Marseille
Girondins de Bordeaux
Juventus de Turin (Ita)
Chelsea FC (Gbr)
FC Valence (Esp)

ÉQUIPE DE FRANCE

103 sélections
4 buts
52 capitanats
1 Coupe du monde (1998)
1 Euro (2000)
Demi-finaliste de l'Euro (1996)

Christian Karembeu

1970

Celui qu'on nomme le « Cheval fou », car il est capable de courir très vite, joue milieu défensif. Il marque son unique but chez les Bleus en Roumanie lors d'un match de qualification à l'Euro 1996. Son esprit d'équipe en fait un pilier de l'équipe de France.

CLUBS

FC Nantes
Sampdoria de Gênes (Ita)
Real Madrid (Esp)
Middlesbrough (Gbr)
Olympiakos Le Pirée (Grc)
Servette de Genève (Che)
SC Bastia

ÉQUIPE DE FRANCE

53 sélections
1 but
1 Coupe du monde (1998)
1 Euro (2000)
Demi-finaliste de l'Euro (1996)

Emmanuel Petit

1970

Milieu de terrain, ce gaucher de talent est la révélation de la Coupe du monde 1998. Lors de la finale face au Brésil, il tire le corner sur le premier but de Zidane, et marque le 3e but (son 2e dans le tournoi et le 1000e de l'histoire de l'équipe de France) dans la dernière action.

CLUBS

AS Monaco
Arsenal FC (Gbr)
FC Barcelone (Esp)
Chelsea FC (Gbr)

ÉQUIPE DE FRANCE

63 sélections
6 buts
1 Coupe du monde (1998)
1 Euro (2000)
Demi-finaliste de l'Euro (1996)

Zinédine Zidane

1972

« Zizou » est l'un des Bleus les plus connus. Ce milieu offensif marque 2 buts de la tête lors de la finale de la Coupe du monde 1998 contre le Brésil. Il obtient le titre de meilleur joueur de la Coupe du monde 2006. Après avoir mis fin à sa carrière, il devient entraîneur du Real Madrid.

CLUBS

AS Cannes
Girondins de Bordeaux
Juventus Turin (Ita)
Real Madrid (Esp)

ÉQUIPE DE FRANCE

108 sélections
31 buts
26 capitanats
1 Coupe du monde (1998)
1 Euro (2000)
Finaliste de la Coupe du monde (2006)
Demi-finaliste de l'Euro (1996)

Claude Makelele

1973

Ce milieu défensif est très endurant et adroit dans ses jeux de récupération de ballon. Il se montre plus performant en club qu'en équipe de France. Pourtant il contribue à la qualification de la France pour la Coupe du monde 2006, se montrant indispensable en milieu de terrain.

CLUBS

Stade Brestois
FC Nantes-Atlantique
Olympique de Marseille
Celta Vigo (Esp)
Real Madrid (Esp)
Chelsea FC (Gbr)
Paris SG

ÉQUIPE DE FRANCE

71 sélections
Finaliste de la Coupe du monde (2006)

Robert Pirès

1973

Milieu offensif, excellent dribbleur et bon passeur, son pied gauche fait merveille. Comme ce 2 juillet 2000, à Rotterdam, lors de la finale de l'Euro contre l'Italie : il réussit la passe décisive pour Trezeguet qui, d'une reprise de volée du gauche, marque le but en or, durant la prolongation.

CLUBS

FC Metz
Olympique de Marseille
Arsenal FC (Gbr)
Villareal (Esp)
Aston Villa (Gbr)
FC Goa (Ind)

ÉQUIPE DE FRANCE

79 sélections
14 buts
1 capitanat
1 Coupe du monde (1998)
1 Euro (2000)

Patrick Vieira

1976

Pilier de l'équipe de France, il connaît sa première sélection sous le maillot bleu à 20 ans. Champion du monde en 1998, champion d'Europe deux ans plus tard, les victoires se succèdent jusqu'à ce que de multiples blessures l'obligent à prendre sa retraite en 2009.

CLUBS

AS Cannes
Milan Ac (Ita)
Arsenal FC (Gbr)
Juventus Turin (Ita)
Inter Milan (Ita)
Manchester City (Gbr)

ÉQUIPE DE FRANCE

107 sélections
6 buts
21 capitanats
1 Coupe du monde (1998)
1 Euro (2000)
Finaliste de la Coupe du monde (2006)

Blaise Matuidi

1987

Milieu défensif et relayeur, son pied gauche fait fureur dans l'équipe de France. Homme clé de Didier Deschamps lors de la Coupe du monde 2014, il participe à la qualification des Bleus pour le Mondial 2018, en Russie, en inscrivant un but contre la Bulgarie lors des phases éliminatoires.

CLUBS

Troyes ESTAC
AS Saint-Étienne
Paris SG
Juventus FC (Ita)
Inter Miami (Usa)

ÉQUIPE DE FRANCE

84 sélections
9 buts
6 capitanats
1 Coupe du monde (2018)
Finaliste de l'Euro (2016)

Paul Pogba

1993

Ce milieu relayeur évolue aussi bien en défense qu'en attaque. Champion du monde en 2018, il inscrit son premier but avec les Bleus contre la Biélorussie dans les éliminatoires de la Coupe du monde 2014. Sa coupe de cheveux et ses pas de danse font aussi parler de lui !

CLUBS

Manchester United (Gbr)
Juventus FC (Ita)
Manchester United (Gbr)

ÉQUIPE DE FRANCE

91 sélections
11 buts
1 Coupe du monde (2018)
Finaliste de l'Euro (2016)

LES ATTAQUANTS

Positionné le plus près des cages adverses, l'attaquant est celui qui inscrit les buts de son équipe. C'est souvent lui la star ! Selon la stratégie mise en place, ils sont 2 ou 3 : l'attaquant de pointe (dit aussi avant-centre) placé en face des buts adverses ; l'attaquant de soutien, bon dribbleur, plus passeur que buteur ; et enfin l'ailier qui joue sur le côté, chargé de contourner la défense adverse.

Paul Nicolas

1899-1959

Considéré comme l'un des meilleurs avants-centres français après la Première Guerre mondiale, il participe 3 fois aux Jeux olympiques (1920, 1924, 1928). En 1924, il inscrit 3 buts en 5 matchs, dont un face à l'Uruguay, en quart de finale. L'Uruguay sera médaillé d'or.

CLUBS

Saint-Mandé
Gallia Club Paris
Red Star
Amiens SC

ÉQUIPE DE FRANCE

35 sélections
20 buts
18 capitanats

Roger Piantoni

1931

Surnommé « Bout d'chou », ce gaucher doté d'une puissante frappe de balle rejoint les Bleus en 1952 pour un match amical face à l'Irlande. Il marque le but égalisateur à la 67e minute. Lors de la Coupe du monde 1958, il dispute les 5 premiers matchs, alignant 4 buts.

CLUBS

FC Nancy-Lorraine
Stade de Reims
OGC Nice

ÉQUIPE DE FRANCE

37 sélections
18 buts
1 capitanat
Demi-finaliste de la Coupe du monde (1958)

Just Fontaine

1933

Recruté en 1956 par le Stade de Reims, il est la révélation du club. Chez les Bleus, il devient le meilleur buteur de la Coupe du monde 1958, avec 13 buts marqués en 6 matchs… Un exploit qui fait de lui le meilleur buteur de l'histoire de cette compétition sur une seule phase finale.

CLUBS

USM Casablanca (Mar)
OGC Nice
Stade de Reims

ÉQUIPE DE FRANCE

21 sélections
30 buts
Demi-finaliste de la Coupe du monde (1958)

Fleury Di Nallo

1943

Surnommé « le petit prince de Gerland » (le nom du stade de l'Olympique lyonnais, son club), il joue avec eux 489 matchs et marque 222 buts. En 1962, lors de son premier match en équipe de France contre la Hongrie, il se fait remarquer en marquant 2 buts. Il n'a que 19 ans !

CLUBS

Olympique lyonnais
Red Star
Montpellier PSC

ÉQUIPE DE FRANCE

10 sélections
8 buts

Charly Loubet

1946

Joueur vif, il obtient sa première sélection chez les Bleus en 1967. Son match contre le Luxembourg, en décembre, reste marqué par une belle prouesse : il marque 3 buts en 11 minutes... permettant aux Français de se qualifier pour les quarts de finale de l'Euro 1968.

CLUBS

AS Cannes
Stade français
OGC Nice
Olympique de Marseille
OGC Nice
AS Cannes

ÉQUIPE DE FRANCE

36 sélections
10 buts

Didier Six

1954

Ses qualités exceptionnelles (technique des deux pieds, vitesse de débordement et sens du but) attirent l'attention du sélectionneur Michel Hidalgo qui l'intègre aux Bleus en 1976. Jouant à l'aile gauche, il forme avec Rocheteau et Lacombe une triplette d'attaque redoutable.

CLUBS

US Valenciennes
RC Lens
Olympique de Marseille
Cercle Bruges (Bel)
VFB Stuttgart (Ger)
RC Strasbourg
FC Mulhouse
Aston Villa (Gbr)
FC Metz
RC Strasbourg
Galatasaray Istanbul (Tur)
Vallauris
Pierrots Vauban Strasbourg
VFB Leipzig (Ger)

ÉQUIPE DE FRANCE

52 sélections
13 buts
2 capitanats
1 Euro (1984)
Demi-finaliste de la Coupe du monde (

Dominique Rocheteau

1955

On l'appelle l'« Ange Vert », la couleur de son club de Saint-Étienne, pour ses formidables dribbles sur l'aile droite et pour sa longue chevelure bouclée. Sous le maillot des Bleus, il marque au moins un but à chacune des 3 Coupes du monde qu'il a disputées.

CLUBS

AS Saint-Étienne
Paris SG
Toulouse FC

ÉQUIPE DE FRANCE

49 sélections
15 buts
1 Euro (1984)
Demi-finaliste de la Coupe du monde (1982, 1986)

José Touré

1961

Surnommé « le Brésilien » en raison de sa technique de jeu, il connaît sa première sélection en équipe de France en 1983. De 1984 à 1986, il atteint son meilleur niveau en club et chez les Bleus. Mais le jeune prodige, pas toujours sérieux en dehors du terrain, tombe peu à peu dans l'anonymat.

CLUBS

FC Nantes
Girondins de Bordeaux
AS Monaco

ÉQUIPE DE FRANCE

16 sélections
4 buts

Yannick Stopyra

1961

Il est sélectionné en équipe de France en février 1980, à tout juste 19 ans, remarqué pour son jeu de tête et sa puissance d'attaque. C'est en Coupe du monde au Mexique, en 1986, qu'il se révèle en marquant plusieurs buts et en conduisant les Bleus à la troisième place.

CLUBS

FC Sochaux-Montbéliard
Stade Rennais
Toulouse FC
Girondins de Bordeaux
AS Cannes
FC Metz
FC Mulhouse

ÉQUIPE DE FRANCE

33 sélections
11 buts
Demi-finaliste de la Coupe du monde (1986)

Bruno Bellone

1962

Cet ailier gauche se distingue en finale de l'Euro 1984 contre l'Espagne, marquant l'un des 2 buts de la victoire. Puis contre le Brésil en quart de finale de la Coupe du monde 1986 grâce à un tir chanceux qui heurte le poteau, le gardien et finit dans la cage.

CLUBS

AS Monaco
AS Cannes
Montpellier PSC
AS Cannes

ÉQUIPE DE FRANCE

34 sélections
2 buts
1 Euro (1984)
Demi-finaliste de la Coupe du monde (1982, 1986)

Jean-Pierre Papin

1963

Avant-centre formidable, il a donné son nom à des reprises de volée du droit et des retournés acrobatiques : ce sont les « papinades ». Ses techniques vont lui permettre d'être sélectionné en équipe de France pour la Coupe du monde 1986, où il marquera contre la Belgique.

CLUBS

US Valenciennes
FC Bruges (Bel)
Olympique de Marseille
Milan AC (Ita)
Bayern Munich (Ger)
Girondins de Bordeaux
EA Guingamp
JS Saint-Pierroise

ÉQUIPE DE FRANCE

54 sélections
30 buts
11 capitanats
Demi-finaliste de la Coupe du monde (1986)

Éric Cantona

1966

En équipe nationale, « King Eric » comme on le surnomme dans son club anglais, enchaîne les bonnes performances. Il participe à une série de 6 victoires consécutives des Bleus, en 1990, pour les éliminatoires de l'Euro 1992, en Suède. Il va marquer 8 buts en 8 rencontres.

CLUBS

AJ Auxerre
Olympique de Marseille
Girondins de Bordeaux
Montpellier HSC
Nîmes Olympique
Leeds Utd (Gbr)
Manchester Utd (Gbr)

ÉQUIPE DE FRANCE

45 sélections
20 buts
9 capitanats

Youri Djorkaeff

1968

Un pied droit puissant et précis, individualiste et ambitieux, celui que l'on surnomme le « Snake » (le Serpent) devient le chouchou du sélectionneur Aimé Jacquet. Quand commence la Coupe du monde 1998, l'attaquant est déjà le meilleur buteur des Bleus avec 16 buts en quatre ans.

CLUBS

FC Grenoble
RC Strasbourg
AS Monaco
Paris SG
Inter Milan (Ita)
FC Kaiserslautern (Ger)
Bolton Wonderers (Gbr)
Blackburn Rovers (Gbr)
Metro Stars de New York (Usa)

ÉQUIPE DE FRANCE

82 sélections
28 buts
24 capitanats
1 Coupe du monde (1998)
1 Euro (2000)

Sylvain Wiltord

1974

Excellent dribbleur, meilleur buteur du championnat de France 1999, il réussit aussi en équipe nationale. Son but le plus mémorable chez les Bleus reste celui de la finale de l'Euro 2000 : il égalise contre l'Italie, amenant le match aux prolongations... La France est victorieuse aux tirs au but.

CLUBS

Stade Rennais
Girondins de Bordeaux
Arsenal FC (Gbr)
Olympique Lyonnais
Stade Rennais
Olympique de Marseille
FC Metz
FC Nantes

ÉQUIPE DE FRANCE

92 sélections
26 buts
1 capitanat
1 Euro (2000)
Finaliste de la Coupe du monde (2006)

David Trezeguet

1977

On l'appelle « Trezegol » car bien qu'il touche peu le ballon, quand il l'a, il marque... Toutes compétitions confondues, il inscrit 308 buts en 629 matchs ! Parmi les 3 Coupes du monde qu'il dispute, il remporte celle de 1998. Lors de l'Euro 2000, il marque le but en or de la finale.

CLUBS

CA Platense (Arg)
AS Monaco
Juventus de Turin (Ita)
Hercules Alicante (Esp)
Bani Yas d'Abou Dhabi (Are)
River Plate (Arg)
Newell's Old Boys (Arg)
FC Pune City (Ind)

ÉQUIPE DE FRANCE

71 sélections
34 buts
1 Coupe du monde (1998)
1 Euro (2000)
Finaliste de la Coupe du monde (2006)

Thierry Henry

1977

Vitesse, puissance du pied droit, élégance et efficacité, il est le seul joueur français à avoir disputé 4 Coupes du monde, gagnant celle de 1998. C'est aussi le meilleur buteur des Bleus, alors qu'il tire rarement les penaltys : il n'en marque que 2 durant toute sa carrière.

CLUBS

AS Monaco
Juventus Turin (Ita)
Arsenal FC (Gbr)
FC Barcelone (Esp)
New York Red Bulls (Usa)

ÉQUIPE DE FRANCE

123 sélections
51 buts
21 capitanats
1 Coupe du monde (1998)
1 Euro (2000)
Finaliste de la Coupe du monde (2006)

Nicolas Anelka

1979

Sur le terrain, il a tout pour plaire : bonne détente, rapidité de course, puissance. Meilleur buteur du championnat d'Angleterre avec son club, c'est tout naturellement qu'il rejoint les Bleus pour les qualifications à l'Euro 2000, marquant un but décisif contre la Russie.

CLUBS

Paris SG
Arsenal FC (Gbr)
Real Madrid (Esp)
Paris SG
Liverpool FC (Gbr)
Manchester City (Gbr)
Fenerbahçe SK (Tur)
Bolton Wanderers (Gbr)
Chelsea FC (Gbr)
Shanghai Shenhua (Chi)
Juventus Turin (Ita)
West Bromwich Albion (Gbr)
Mumbai City (Ind)

ÉQUIPE DE FRANCE

69 sélections
14 buts
1 Euro (2000)

Franck Ribéry

1983

Rapide, adroit, puissant, il est l'un des meilleurs attaquants de son club, le Bayern Munich, et devient le leader d'attaque des Bleus lors de la Coupe du monde 2006. Quatre ans plus tard, le Mondial est marqué par la grève des joueurs de l'équipe de France, dont il est l'un des meneurs.

CLUBS

FC Metz
Galatasaray SK (Tur)
Olympique de Marseille
Bayern Munich (Ger)
ACF Fiorentina (Ita)
US Salernitana (Ita)

ÉQUIPE DE FRANCE

81 sélections
16 buts
Finaliste de la Coupe du monde (2006)

Karim Benzema

1987

Attaquant vedette du Real Madrid, Karim Benzema est un redoutable buteur mais aussi un excellent passeur. Un temps écarté de l'Équipe de France, il revient lors de l'Euro 2020 où il brille malgré l'élimination prématurée des Bleus face à la Suisse en huitième de finale.

CLUBS

Olympique lyonnais
Real Madrid (Esp)

ÉQUIPE DE FRANCE

97 sélections
1 capitanat
37 buts

Antoine Griezmann

1991

Celui qu'on surnomme Grizou est un attaquant complet. Il se fait remarquer lors des matchs de préparation à la Coupe du monde 2014 en marquant ses 3 premiers buts... en 2 rencontres seulement. C'est l'un des grands artisans de la victoire lors du Mondial 2018 en Russie.

CLUBS

Real Sociedad (Esp)
Atlético Madrid (Esp)
FC Barcelone (Esp)
Atlético Madrid (Esp)

ÉQUIPE DE FRANCE

108 sélections
42 buts
1 Coupe du monde (2018)
Finaliste de l'Euro (2016)

Kylian Mbappé

1998

Jeune prodige du football français, il est appelé en équipe de France à seulement 18 ans alors qu'il évolue à l'AS Monaco. Moins d'un an plus tard, il participe activement à la victoire, lors de la Coupe du Monde 2018, en inscrivant 4 buts, dont 1 en finale contre la Croatie.

CLUBS

S Monaco
aris SG

ÉQUIPE DE FRANCE

57 sélections
27 buts
1 Coupe du monde (2018)

Index

Les carnets

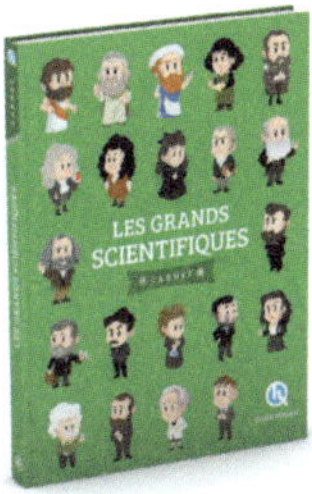

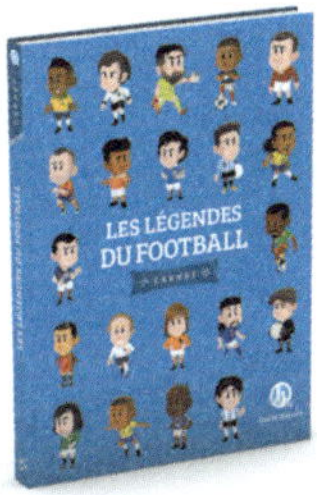

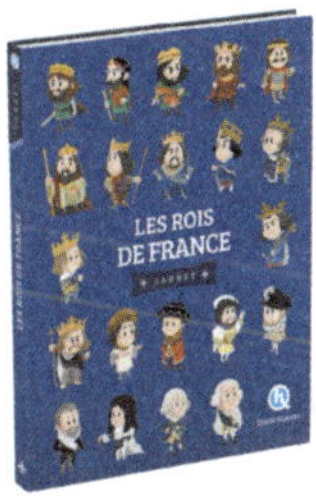

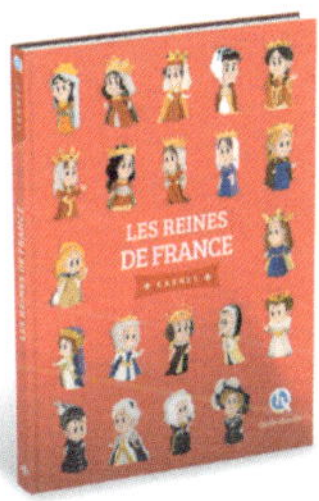

Avec la collection de carnets Quelle Histoire, découvrez les grands personnages d'une thématique : souverains, peintres, scientifiques, footballeurs... Leur portrait, leur vie et leurs œuvres, les enfants sauront tout de ces hommes et femmes qui ont marqué l'histoire !

Les beaux livres

Découvrez la collection de beaux livres, les succès de Quelle Histoire adaptés dans un format de qualité. À travers des illustrations, des cartes, des chronologies, des portraits et des jeux, les enfants apprennent tous les aspects d'une thématique !

La collection

Découvrez notre collection sur

www.quellehistoire.com